친밀한 부부 관계의 원리

네비게이토 선교회는
국제적이며 복음적인 기독교 기관이다.
예수 그리스도께서는 자기를 따르는 자들에게
"너희는 가서 모든 족속으로 제자를 삼으라"
(마태복음 28:19)는 지상사명을 주셨다.
네비게이토 선교회는 세계 모든 국가에서
예수 그리스도의 일꾼들을 배가시켜
이 지상사명의 성취를 돕는 것을
근본 목표로 하고 있다.

네비게이토 출판사는
네비게이토 선교회의 문서 선교를 담당하고 있다.
본 출판사에서는 그리스도인의 영적 성장을 돕는
서적과 자료들을 출판하여,
그리스도인의 삶의 기초가 견고한
헌신된 제자로 성장하게 하고,
나아가 성숙한 인격과 지도력을 갖춘
일꾼이 되도록 돕고 있다.

친밀한 부부 관계의 원리

INTIMATE MARRIAGE

짐 & 제리 화이트 부부
Jim and Jeri White

TO KNOW CHRIST AND TO MAKE HIM KNOWN

차 례

저자 소개 ····················· 7

친밀한 부부 관계의 원리 ················ 8
용납 ······················ 13
감사 ······················ 21
인정 ······················ 26
배려 ······················ 30
의사소통 ···················· 34
성생활 ····················· 40
리더십 ····················· 45
적응 ······················ 54

저자 소개

짐과 제리 화이트 부부는 미국 네비게이토 선교회의 간사로서 오랫동안 제자삼는 사역에 헌신해 왔으며, 각종 수양회 및 세미나에서 하나님의 말씀을 가르치는 강사이기도 합니다. 미국에서 대학생들을 대상으로 선교 활동을 하기도 했으며, 5년 반 동안 아프리카에서 해외 선교사로서 주님을 섬기기도 했습니다.

친밀한 부부 관계의 원리

짐(남편) – 부부는 하늘나라에 계신 하나님의 뜻대로 맺어지지만 결혼 생활은 이 땅 위에서 영위됩니다. 따라서 온갖 문제들이 부부 사이를 뚫고 들어올 수 있습니다.

한번은 사업가들에게 물어보았습니다. "여러분이 사업을 할 때 결혼 생활의 향상을 위하여 기울이는 만큼의 노력만을 기울인다면 그 사업은 어떻게 될까요?" 몇몇 사람은 얼굴이 붉어졌습니다. 그들은 사업의 성공을 위해서는 온갖 노력을 다 기울이고 있었지만 자신들의 결혼 생활을 향상시키기 위해서는 별로 노력하지 않고 있었습니다.

A. W. 토저는 "잡초는 버려둔 땅을 침범하지, 일구고 가꾸는 땅을 침범하지는 않는다"라고 했습니다. 밭을 그냥 버려둔다면 잡초가 뒤덮일 것입니다. 결혼 생활에서도 마찬가지 현상이 일어납니다. 두 사람 사이에 일어나는 문제들을 그냥 방치해 둔다면 부부 관계는 점점 나빠지고 두 사람 사이는 점점 벌어지게 되는 것을 자신들도 느끼

게 됩니다.

아내와 나는 결혼한 지 수십 년이나 지났지만 여러분들에게 나눌 수 있는 것은 큰 성공담이나 우리가 올바르게 행했던 일들에 대한 간증이 아닙니다. 우리가 배워 온 가장 큰 교훈들은 눈물과 한숨을 통하여 얻은 것들입니다.

날마다 더하는 즐거움

나는 하나님께서 결혼 제도를 제정하실 때 부부 관계를 이 세상에서 가장 가까운 인간관계가 되도록 하셨다고 믿습니다. 하나님의 의도는 남편의 가장 가까운 친구는 그 아내요, 아내의 가장 가까운 친구는 그 남편이 되게 하려는 것이었다고 생각합니다. 이들 각자에게는 다른 좋은 친구들도 물론 많이 있겠지만 부부간보다 더 가까울 수는 없습니다.

'예수님과 함께 걷는 것은 날마다 더 즐거워'라는 찬송가가 있습니다. 배우자와 함께 걷는 것도 날마다 더 즐거울 수 있습니다. 루이스 에번스는 이렇게 말했습니다. "하나님께서 만드신 모든 관계는 향상을 가져오지 퇴보를 가져오는 법이 없습니다."

그리스도인의 결혼은 예수 그리스도와 서로에 대한 두 사람의 전적인 헌신입니다. 이 정의의 한 부분 한 부분이 다 중요합니다.

결혼은 전폭적인 헌신입니다. 우리는 헌신을 가볍게 취급하는 시대에 살고 있습니다. 이 시대는 어떻게 해서든지 그 헌신을 따라 살지 않는 것을 정당화하기 위한 방법을 찾아내려 하고 있습니다.

결혼은 예수 **그리스도**께 대한 헌신입니다. 서로 떨어져 있는 두 물체가 제3의 물체를 향해 가까이 가면 갈수록 그들 두 물체도 필연적으로 서로 가까워지는 법입니다. 마찬가지로 남편과 아내가 그리스도께로 가까이 가면 갈수록 그 부부 사이도 필연적으로 서로 가까워지게 됩니다.

답답한 느낌

결혼을 통해 한 쌍의 남녀는 부부라는 공동체를 이루어 하나님께서 그들 각자에게 의도하신 사람들로 변화해 가야 합니다.

나는 아내가 내 삶을 위해 투자한 그 수십 년간을 통해서 나 자신의 인격과 내적인 행복이 크게 향상되어 왔다고 믿습니다. 결혼 관계가 도리어 남편이나 아내를 냉담하게 만들고 진정한 자아를 숨기게 하며 만족을 느끼지 못하게 한다면, 그것은 곧 예수 그리스도께서 결혼 생활에 간여하실 수 있게 해드리지 않기 때문입니다.

하나님께서 결혼 제도 안에 이 정련 과정을 만들어 놓

으신 사실은 창세기 2:18에 기록되어 있습니다. "사람의 독처하는 것이 좋지 못하니 내가 그를 위하여 돕는 배필을 지으리라." 하나님께서는 남편의 짝이 되는 아내를 만드시고 아내로 하여금 남편과 한 몸이 되어 서로 조화를 이루게 하셨습니다.

결혼한 지 몇 달밖에 지나지 않았을 때 우리는 하나님께서 그동안 우리를 어떻게 인도하셨는가를 되돌아보면서, 도대체 하나님께서 어떤 생각으로 우리를 부부로 맺어 주셨을까 하고 의아해한 적이 있습니다. 우리에게 있는 공통점이라고는 둘 다 예수 그리스도를 구주로 믿는다는 것과 제자삼는 사역에 헌신한 것밖에는 없는 것 같았습니다. 우리의 배경에는 다른 점들이 너무나 많았습니다.

때로는 이런 생각이 들기도 했습니다. '여보, 하나님께서는 당신을 나의 배필로 만드셨소. 그런데 당신은 내게 잘 맞지 않소. 당신은 나를 답답하게 만들고 있소.' 나는 아내가 내게 맞도록 변화되기를 바랐습니다. 우리 두 사람은 다 특정한 영역에서 상대방을 자기가 좋아하는 대로 변화시킬 수만 있다면 행복한 결혼 생활을 할 수 있을 텐데 하고 생각했던 때가 있었던 것을 기억합니다.

몸에 너무 꽉 끼는 옷을 입었을 때 대개의 사람들은 옷을 바꿔 입을 생각을 하지 체중을 줄일 생각은 하지 않습니다. 하지만 나는 하나님께서 내게 꼭 맞는 아름다운 아내를 주신 것을 알았습니다. 아내가 어떤 영역에서 내게 너무 '꽉 끼는' 것처럼 보일 때 하나님께서는 내가 '체중을 줄이기를' 즉 변화하기를 원하셨습니다.

더 가까워짐

수년에 걸쳐서 아내와 나는 하나님께서 결혼한 모든 이들이 필요로 하는 몇 가지 중요한 것들에 우리의 주의를 이끄시는 것을 보게 되었습니다. 어느 부부나 상대방의 이런 필요들을 채워 주려고 애쓸 때 부부 사이는 점점 더 가까워질 것입니다.

이것들 중 여섯 가지는 부부 양편에게 다 같이 필요한 것이요, 한 가지는 특히 남편에게, 또 한 가지는 특히 아내에게 필요한 것이라고 생각합니다. 이 여섯 가지 공통적인 필요도 남편과 아내에게 항상 똑같은 방법으로 채워질 수 있는 것은 아닙니다. 각 필요들에 대해서는 '어떻게 하면 내 삶 가운데 이 필요를 채울 것인가?'를 생각하지 말고 오히려 '어떻게 하면 내 아내/남편의 삶 가운데 있는 이 필요를 중요하게 생각하고 채워 줄 수 있을 것인가?'를 생각해야 합니다.

용납

제리(아내) - 남편과 아내의 공통적인 첫 번째 필요는 용납입니다. 용납은 사랑으로 받아 주고, 배려하며, 가치를 인정하고, 높이 평가해 주는 것을 가리킵니다.

용납은 하나님께서 우리에게 가치 있는 사람을 배우자로 주셨다는 믿음과 그렇기 때문에 비록 그 배우자가 완전하지는 않지만 그를 즐거워하는 태도로부터 출발합니다. 나는 남편인 짐이 결코 완전한 사람이 될 것이라고는 생각하지 않습니다. 나 자신도 마찬가지입니다. 그러나 나는 남편의 삶 가운데 있는 많은 영역에서 그를 즐거워할 수 있습니다. 우리 사이에는 서로 다르기 때문에 계속적인 적응을 필요로 하는 영역들이 있습니다. 하지만 우리는 또한 서로가 즐거워하는 영역들도 많이 찾을 수 있습니다.

남편은 시간을 늘 염두에 두고 잘 지키는 가정에서 성장한 사람이고, 나는 시간을 별로 염두에 두지 않고 성장해 온 사람이었기 때문에, 이것은 우리의 결혼 생활에서 몇 년 동안이나 꽤 자주 마찰을 일으켰습니다.

어느 주일날 아침 교회에 가야 하는데 꾸물대며 준비를 늦게 한다고 남편이 내게 화를 내던 것을 기억합니다. 그것 때문에 우리 사이에는 팽팽한 긴장이 감돌았습니다. 서로가 어찌나 팽팽히 맞섰던지 나는 화가 나서 예배 중 다른 사람들이 찬송가를 부를 때 입을 꼭 다물고 가사를 눈으로 읽고만 있었습니다. 몇 시간 동안이나 서로 맞서 있던 끝에 겨우 서로의 감정을 풀 수 있었습니다.

그 후 얼마 안 되어 내가 또 교회에 갈 준비를 하면서 늑장을 부리게 되었는데, 이번에는 남편의 태도가 달라진 것을 느꼈습니다. 그는 그것 때문에 화를 내지 않았습니다. 나는 남편이 화를 낼 것으로 예상하고 있었으나 남편은 교회에 가는 도중 내내 휘파람으로 찬송을 했습니다. 그날의 예배는 퍽 즐거웠습니다.

그날 오후 늦게 그 일에 대하여 남편에게 물어보자, "내가 당신을 용납하기를 하나님께서 원하신다는 생각이 들었소"라고 하면서, 하나님께서 내 삶 가운데 필요로 하는 변화를 주실 것을 믿고 있을 뿐이라고 말했습니다.

그 말을 듣고서 나는 이제 다시는 예배에 늦지 않겠다고 마음속으로 다짐을 했습니다. 그리고 다시는 늦지 않았습니다. 자동차에도 제일 먼저 타서 다른 식구들을 기다렸습니다. 참으로 보기 드문 현상이었을 것입니다.

남편의 태도는 나에게 큰 동기를 주었습니다. 나에게는 여전히 빤히 드러나는 결점들이 있었지만 그는 나를 있는 그대로 받아 준다는 것을 알았고, 그 사실은 나로 하여금 남편이 원하는 사람이 되어야겠다는 결심을 하게 만들었습니다. 그전에는 남편이 내게 지나치게 요구한다고 생각했기 때문에 결코 내 스스로 결점을 고쳐야겠다고 결심을 한 적이 없었습니다.

마치 우리가 샌드페이퍼처럼 되어 서로를 갈게 되는 방법들도 있었습니다. 하나님께서는 그런 방법들을 사용하여 우리의 삶 가운데 있는 모난 부분들을 갈아 주시기도 했습니다. 그것은 겸손하게 되는 과정입니다. 우리는 하나님께서 그런 과정을 사용하셔서 우리를 겸손케 만드시도록 스스로를 비워 두고 교훈을 배우든지, 아니면 쓴 뿌리를 내고 화를 내든지를 선택하게 됩니다.

히브리서 12:15에서 하나님께서는 우리에게 "쓴 뿌리가 나서 괴롭게 하고 많은 사람이 이로 말미암아 더러움을 입을까 두려워하라"고 경계하셨습니다. 하나님께서는 우리의 결혼 생활 가운데서 일어날 수 있는 어려운 상황들에 대처할 수 있도록 필요한 은혜를 주셔서 쓴 뿌리가 나지 않게 해주십니다. 이런 어려움들을 초기 단계에서 다루는 습관을 가질 수 있다면 쓴 마음이 뿌리를 내리지 않을 것입니다. 그러나 이것을 달이 가고 해가 가도록 내버려 둔다면 뿌리가 단단히 내려서 뽑기가 대단히 어려워질 것입니다.

우리가 그 모든 것들을 다 하나님께로 가져가기만 한다면 우리 자신이 그것을 다룰 수 없다는 것은 아무 문제도 되지 않습니다. 하지만 우리는 종종 그것들을 많이 가져가기는 해도 전부 가져가지는 않으려 할 때가 있습니다. 그렇게 되면 문제는 결코 해결되지 않습니다.

나는 다만 10%만 잘못했다

배우자를 얼마나 용납하는가 하는 것은 곧 하나님과, 우리를 향한 하나님의 뜻을 얼마나 받아들이고 있는가를 나타냅니다. 만약 남편을 못마땅해하고 비판한다면 그것은 곧 내가 하나님께 "하나님, 왜 남편을 저렇게 만드셨나요?"라고 말하는 것과 다름이 없습니다. 한 남자를 나에게 남편으로 정해 주시고 그를 현재 있는 그대로의 그로 만드신 하나님의 판단을 내가 진정으로 믿지 않고 있다는 이야기가 되는 것입니다.

남편과 나 사이에 어려운 상황이 생길 때 처음에는 잘못이 내게는 10%만 있고 나머지 90%는 남편에게 있다고 생각해 버리는 경향이 있습니다. 그러나 그렇게 생각하고 나면 나는 하나님과의 의사소통이 전과 같지 않다는 것을 느끼게 됩니다.

한번은 남편과 함께 조깅을 하는데 남편이 어떤 문제에 대한 이야기를 하기 시작했습니다. 그 이야기를 들으면서 나는 남편이 나를 궁지로 몰아가려고 하는 것만 같다는 생각이 들었습니다. 그래서 내가 화제를 피하니까 남편은 했던 이야기를 또 했습니다. 나는 기분이 나빠졌습니다. 두 사람 사이에는 긴장이 생겼습니다. 결국은 두 사람 다 이야기를 멈추게 되었습니다.

조깅을 계속하면서 나는 속으로 기도했습니다. "주님, 이 영역에 대하여 남편에게 역사하여 주십시오. 남편은 정말로 주님의 도움이 필요합니다." 나는 내 기도에 아무 응답이 없음을 느꼈습니다.

나에게 잘못이 있다고는 생각하지 않았습니다. 그러나 얼마를 더 달리고 난 후 나는 이렇게 기도했습니다. "주님, 혹시라도 제가 이 면에서 잘못 생각하고 있다면 저에게 그것을 알려 주십시오." 그렇게 기도하자마자 하나님께서는 내가 암송하고 있던 두 구절의 성경 말씀을 상기시켜 주셨습니다.

첫 번째 구절은 베드로전서 5:6 말씀이었습니다. "그러므로 하나님의 능하신 손 아래서 겸손하라. 때가 되면 너희를 높이시리라." 나는 하나님께서 나에게 "겸손하라"고 말씀하고 계심을 알았습니다. 나는 교만하고 고집이 있었으며 단지 내 입장에서만 보기를 원했던 것입니다.

나머지 한 구절은 요한복음 21:22에서 그리스도께서 베드로에게 하신 대답이었습니다. 베드로가 늘 예수님 가까이에 있는 것같이 보이던 제자 요한에 대하여 "주여, 이 사람은 어떻게 되겠삽나이까?" 하고 물었을 때, 예수님께서는 "네게 무슨 상관이냐? 너는 나를 따르라"고 말씀하셨습니다. 내가 한 기도가 바로 "주여, 남편은 어떻게 되겠삽나이까?" 하는 것과 같았고, 여기에 대하여 주님께서는 "그가 어찌하든지 네게 무슨 상관이냐? 너는 나를 따르라"고 대답해 주셨습니다.

나는 마음속으로 내가 교만하고 고집스러웠다는 것을 주님께 자백하고 하나님의 용서를 구하면서 깨끗케 해달라고 기도했습니다. 집에 돌아온 후 나는 남편에게도 용서를 구하고 그 문제를 곧바로 해결했습니다. 그 즉시 나는 남편과의, 그리고 하나님과의 화평을 느꼈습니다. 의사소통이 회복된 것입니다.

용납의 비결

용납은 항상 서로를 변화시키려고 노력하는 것을 뜻하는 것도 아니지만 그렇다고 해서 체념을 의미하는 것도 아닙니다. 그것은 뿌루퉁해져서 '좋아, 그렇담 할 수 없지. 그가 그렇게 나오니 참고 사는 수밖에 없지' 하는 태도가 아닙니다.

용납은 두 사람 사이에 담을 쌓아 버리고 상대방에게서 자신을 움츠리는 것도 아닙니다.

한편, 누구를 용납한다는 것은 그가 행하거나 생각하는 모든 것을 다 인정하는 것을 뜻하지는 않습니다. 건설적인 비판조차 하지 않는 것을 뜻하지도 않습니다. 왜냐하면 "친구의 통책은 충성에서 말미암은 것"(잠언 27:6)이기 때문입니다. 내가 남편에게 좋은 아내가 되기 위해서는 사랑과 인내심을 가지고 그에게 건설적인 비판을 할 필요가 있다는 것을 때로 느끼기도 합니다. 남편이 어떤 것들에 대하여 내게 듣지 않는다면 그에게 이야기해 줄 다른 사람은 아무도 없을지도 모릅니다. 다른 어떤 사람보다도 내가 그를 더 잘 알고 있으며, 나는 하나님 앞에서 내가 할 수 있는 데까지는 최선을 다해서 그를 도와야 할 책임이 있습니다.

어떻게 하면 배우자를 용납할 수 있을까요? 첫째로, 그를 나에게 남편 혹은 아내로 주신 하나님께 감사하는 것입니다. 감사하는 마음이 커질수록 큰 변화가 일어날 수 있습니다. 감사하는 마음은 우리로 하여금 온갖 부정적인 생각에 빠지지 않도록 막아 주고 하나님께서 우리를 위하여 해주신 긍정적인 것들에 점점 더 눈을 뜨게 해줍니다.

둘째로, 그리스도께서 우리를 용납하신 것을 생각하며

그분을 본받는 것입니다. 로마서 15:7에서는 "그리스도께서 우리를 받아 하나님께 영광을 돌리심과 같이 너희도 서로 받으라"고 했습니다. 만약 그리스도께서 내가 어떤 때 내 남편을 받은 것만큼만 나를 받아 주신다면 나는 정말 비참한 상태에 처하게 될 것입니다. 그러나 하나님께서는 나를 무조건적으로 받아 주고 계시며, 나도 또한 그와 똑같이 남편을 있는 그대로 받아 주어야 합니다. 또한 나도 남편이 하나님께서 만드신 그대로의 나를 받아 준다는 것을 느낄 필요가 있습니다.

마지막으로, 우리를 용납하는 사람으로 만드시는 성령을 의뢰하십시오. 만약 배우자를 용납하기가 어렵다면 그것을 매일의 기도 제목으로 삼아 기도하십시오.

짐 – 아내와 나는 결혼 생활에서 필요한 것들에 대하여 이야기하려면 용납부터 이야기해야 한다고 생각하고 있습니다. 왜냐하면 용납은 변화가 일어나고 우리의 마음이 서로 연합될 수 있는 분위기를 만들어 주기 때문입니다. 우리는 배우자가 기본적으로 우리를 매우 기뻐하고 있음을 느껴야만 하며, "하나님, 그를 나의 배우자로 주신 것을 정말 감사합니다"라고 기도하는 정도가 되어야 합니다.

감사

짐 – 두 번째로 부부 서로에게 필요한 것은 감사입니다. 남편과 아내가 서로서로 감사를 표하지 않고는 부부 사이가 친밀하게 유지될 수가 없습니다.

매일과 같이 남편이나 아내는 상대방에게 유익한 어떤 일을 하고 있습니다. 그러나 우리는 가끔 '이건 아내(남편)가 마땅히 해야 할 일인데 내가 왜 고맙다는 말을 해야 하는가?'라고 생각할 때가 있습니다.

이런 모든 일에 대하여 감사를 표하는 것이 중요한 데는 세 가지 이유가 있습니다.

첫째로, 우리는 하나님의 형상으로 창조되었고, 하나님께서는 감사받기를 즐거워하십니다. "범사에 감사하라. 이는 그리스도 예수 안에서 너희를 향하신 하나님의 뜻이니라"(데살로니가전서 5:18). 하나님께서는 감사받기를 즐거워하시며, 또한 그분의 형상대로 지으심받은 우리도 감사에 대한 같은 필요를 가지고 있습니다.

둘째로, 우리가 감사를 표하지 않음으로써, 상대방으로 하여금 베푸는 일이 불필요하거나 가치가 없다고 생각하게 만든다면, 서로 베푸는 일을 중지하게 될 수도 있습니다.

셋째로, 감사를 표함으로써 '그건 아내(남편)가 당연히 해야 할 일인걸' 하는 식으로 생각하는 뻔뻔스러운 죄를 피하는 데 도움이 될 수 있습니다. 우리의 결혼 생활을 파괴시키는 큰 죄들은 바로 이러한 무례하고 뻔뻔한 태도에서 비롯됩니다.

타락의 첫걸음

바울은 로마서 1:21에서 "하나님을 알되 하나님으로 영화롭게도 아니하며 **감사치도 아니하고**"라고 지적하고 있습니다. 바로 다음 구절부터 타락으로 향하는 인간의 죄들의 긴 목록을 들고 있습니다. 그 모든 죄는 감사치 않는 데서 출발하고 있습니다.

우리의 하루하루와 매주매주는 서로서로에 대한 감사의 말로 흠뻑 적셔져야 하는데, 나는 이러한 감사를 표하는 일이 두 가지 방법으로 계발될 수 있다고 믿습니다.

첫째로, 하나님께 정기적으로 감사를 드리기 시작하는 것입니다. 만약 내가 하나님과의 매일의 교제 시간에 큰일들은 물론 작은 일들에 대해서도 감사를 드린다면 아내에게 감사하기는 더욱 쉬워질 것입니다.

내가 아는 어떤 대학 교수는 내게 이렇게 말했습니다. "나는 샘물을 길어 마시려고 몸을 굽힐 때마다 꼭 하나님께 감사를 드립니다." 그러한 태도를 가진 그는 틀림없이 자기 아내에게도 감사를 충분히 표할 것이라고 믿습니다.

아프리카에 선교사로 나가 있는 내 친구 몇 명이 70대의 한 명랑한 선교사 부부를 만난 이야기를 한 적이 있습니다. 친구들이 이 부부에게 어떻게 그렇게 긍정적이고 명랑할 수 있느냐고 물어보았습니다.

노 선교사 부부는 자신들도 처음부터 그렇게 긍정적이고 명랑한 것은 아니었고, 자신들이 결혼하고 난 몇 년 후에 신명기 28:47-48을 함께 읽고 나서 변했다고 대답했습니다.

네가 모든 것이 풍족하여도 기쁨과 즐거운 마음으로 네 하나님 여호와를 섬기지 아니함을 인하여, 네가 주리고 목마르고 헐벗고 모든 것이 핍절한 중에서 여호와께서 보내사 너를 치게 하실 대적을 섬기게 될 것이니, 그가 철 멍에를 네 목에 메워서 필경 너를 멸할 것이라.

그들은 기쁨과 즐거운 마음으로 하나님을 섬기지 않음을 인하여 이런 일들이 그들에게 임하기를 원하지 않았기 때문에 이 구절을 읽고는 두려워졌습니다. 그때부터 그들은 하나님께서 그들에게 해주신 모든 일들에 대하여 감사하며, 작은 일들까지도 그냥 지나치지 않았습니다.

배우자에게 감사를 표하는 일에 진보를 가져올 수 있는 두 번째 방법은 그에게 감사할 수 있는 것을 적어도 하루에 한 가지씩만이라도 찾아보는 것입니다.

내 아내에게는 장점들이 많이 있지만 그중에서도 내가 오랜 세월 동안 감사하고 있는 것은 세탁을 늘 수준 높게 해놓는다는 점입니다. 내가 입었던 옷을 빨래 통에 넣어 두면 얼마 되지 않아 깨끗하게 세탁되고 잘 다려져서 옷걸이에 걸려 있는 것을 늘 경험하고 있습니다.

어느 날은 옷장에서 내가 입으려 했던 셔츠가 걸려 있는 것을 꺼내 입으면서 이런 생각을 했습니다. '결혼 생활 내내 내가 입으려고 했던 셔츠가 옷장에 잘 챙겨져 있지 않았던 적이 한 번도 없었어. 그런데 그것에 대해 아내에게 고맙다는 말을 해본 적이 한 번도 없었어.'

그 즉시 나는 주방으로 가서 감자를 깎고 있는 아내에게 내가 금방 깨달은 것을 말하고 옷을 늘 깨끗하게 손질해 준 것에 대하여 감사한다고 말해 주었습니다. 그랬더니 아내는 "그게 제가 할 일인 걸요"라고 대답하는 것이었습니다. 그렇지만 나는 강조해서 감사를 표시했습니다.

우리 각 사람은 잘못하는 일보다는 잘하는 일이 훨씬 더 많습니다. 내가 긍정적인 사고방식을 가졌기 때문에 이런 말을 하는 것은 아닙니다. 그것은 사실입니다. 그러므로 서로서로에게 감사할 것이 풍성하게 있습니다.

인정(認定)

짐 - 남편과 아내가 공통적으로 가지고 있는 또 하나의 필요는 인정받는 것입니다. 이것은 부부간의 관계에 있어서 대단히 중요한 것입니다.

제리 - 인정해 주는 것은 용납 및 감사와도 연관이 있지만, 그것 이상입니다. 인정하는 것은 칭찬해 주고 격려해 주는 것입니다. 인정해 주는 것은 상대방의 인격과 한 일과 그 일을 어떻게 했는가에 대하여 상대방을 존경하고 있음을 그에게 실제로 말해 주는 것입니다.

이것은 아첨과는 다릅니다. 아첨은 하는 사람이 자신의 목적을 위해서 상대방을 높여 주는 것이지만, 인정하는 것은 아무 조건이 없이, 아무 복선을 깔지 않고 상대방을 칭찬하는 것입니다.

인정해 주는 것은 이런 식으로 말하는 것입니다. "당신의 경청하는 태도를 진심으로 존경합니다", 또는 "당신이 항상 내 감정을 이해하려고 노력해 주시는 것을 늘 마음 든든하게 생각해요."

우리는 서로 인정해 주라는 명령을 받았습니다. "형제를 사랑하여 서로 우애하고 존경하기를 서로 먼저 하며"(로마서 12:10).

본성을 거스름

인정해 주는 것은 서로서로의 자아상을 세워 줄 뿐만 아니라 우리로 하여금 올바른 시야를 늘 유지할 수 있게 해주기 때문에 중요합니다. 그것은 서로의 장점들에 주의를 이끕니다. 부정적인 성품들에 주목을 하는 것은 상대방을 구석으로 몰아넣어 그로 하여금 자기변명에 급급하게 만드는 것입니다. 우리의 본성은 인정하기보다는 깎아내리기를 더 잘 하기 때문에 우리는 인정해 주는 면에 많은 노력을 해야 합니다. 미국의 가정 문제 연구소의 발표를 보면, 우리는 부정적인 말 열 마디를 하는 동안 긍정적인 말은 한 마디 정도밖에 하지 않는다고 합니다.

인정해 주는 것은 우리의 결혼 생활을 지켜 주며 우리를 외부의 유혹들로부터 보호해 줍니다. 부부가 채움받아야 할 필요 중에는 배우자로부터 인정받고 있음을 느끼는 것도 있는데, 만약 배우자가 그 필요를 채워 주지 않는다면 다른 사람들로부터 그것을 채움받으려 할 수도 있습니다. 그렇게 되면 결혼 생활은 위험에 빠집니다.

배우자에게 진정으로 칭찬을 해줄 수 있는 기회를 하나도 놓치지 마십시오. 이러한 기회들을 포착할 수 있게 해주시도록 하나님께 기도하십시오. 나는 천성적으로 이러한 면에 민감하지 못하므로 하나님의 도우심을 얻기 위하여 기도해야 한다는 사실을 깨달았습니다.

남편에게 원망이 생겨서 상담자에게 상담을 하러 온 어떤 나이 많은 부인에 대한 이야기를 들은 적이 있습니다. 그 상담자는 그 부인에게 남편이 한 좋은 일들을 깊이 생각하고 남편을 인정해 주는 말을 하라고 충고를 해주었습니다. 하지만 그 자리에서 그 부인은 남편에게 감사할 만한 것이 하나도 없다고 말했습니다.

집으로 돌아온 후 부인은 이윽고 한 가지를 생각해 냈습니다. 후에 식사를 하면서 부인은 남편에게 이렇게 말했습니다. "여보, 전 당신이 경제공황 때 식구들을 먹여 살리기 위해서 너무나 고생을 하셨던 것을 늘 감사하고 있어요."

그랬더니 남편은 눈물이 글썽해져서 아내를 따뜻한 눈길로 바라보며 "고맙소!" 하는 것이었습니다. 부인은 남편이 그런 반응을 나타내는 것을 보고 크게 놀랐습니다.

집 – 어떤 영역에 대하여 서로 인정해 준다는 것은 상대방이 자기에게 해준 일과는 무관할 수도 있습니다. 그것은 단지 상대방의 삶 가운데 나타난 장점을 알아주는 것일 수도 있습니다. 상대방이 우리에게 해준 일에 대해서는 감사를 하지만 그의 됨됨이에 대해서는 인정을 해줄 수 있습니다. 이것은 마치 하나님께서 우리를 위하여 해주신 일에 대해서는 감사를 하지만 하나님께서 어떤 분이신가에 대해서는 찬양을 하는 것과 마찬가지입니다.

윌 로저스는 "나는 한 가지의 좋은 칭찬을 듣고 석 달을 힘있게 살 수 있다"고 말한 적이 있습니다. 우리 각 사람은 지나온 날을 뒤돌아볼 때 누군가가 우리를 인정해 주었기 때문에 큰 격려를 받았던 때를 생각해 낼 수 있을 것입니다.

인정해 주는 데 큰 노력이 필요하지는 않습니다. 그러나 여기에는 관찰이 필요하고, 또한 자신이 관찰한 것에 대하여 기꺼이 이야기해 주고 싶어 하는 열망이 필요합니다.

배려

짐 – 부부에게 있어야 할 네 번째 요소는 배려입니다. 이것 역시 앞서 언급한 특성들과 연관이 되어 있습니다. 인정해 주는 것이 주로 말로 되는 것이라면, 배려하는 것은 행동을 통하여 상대방에게 의미가 있고 즐길 수 있는 어떤 것을 베풀어 주는 것이라고 할 수 있습니다. 배려를 통하여 서로 섬기는 방법을 이해하기 위해서는 깊은 생각이 필요합니다.

요한복음 13장을 보면 예수님께서는 유월절 음식을 잡수시기 전에 먼저 제자들의 발부터 씻겨 주셨습니다. 그 당시에는 사람들이 먼지 나는 길을 걸어 다녔기 때문에 발이 몹시 더러워져서 누구의 집에 들어가면 그 가장이나 하인이 발을 씻겨 주거나 씻을 물을 갖다 주는 게 상례였습니다. 그날 밤에는 아마 아무도 그 일을 하지 않았던 것 같습니다. 그래서 예수님께서 손수 물을 떠다가 제자들의 발을 씻겨 주심으로써 그들에 대한 배려를 보여 주셨습니다.

예수님께서 행하셨고 또 우리에게 그것을 하라고 명하셨기 때문에 배려의 행동은 대단히 중요합니다. "내가 주와 또는 선생이 되어 너희 발을 씻겼으니 너희도 서로 발을 씻기는 것이 옳으니라. 내가 너희에게 행한 것같이 너희도 행하게 하려 하여 본을 보였노라"(요한복음 13:14-15).

부부간의 관계가 아무리 원만한 사람들이라 하더라도 서로가 상대방을 배려해 주고 진정으로 서로를 섬기지 않으면 그 원만한 관계가 오래 지속될 수 없습니다. 아내로서는 마땅히 남편을 섬겨야 하겠지만 남편 역시 자기 아내를 섬겨 주어야 합니다. 예수님께서 "너희 중에 누구든지 크고자 하는 자는 너희를 섬기는 자가 되고, 너희 중에 누구든지 으뜸이 되고자 하는 자는 너희 종이 되어야 하리라"(마태복음 20:26-27)고 말씀하셨기 때문입니다. 내가 우리 집의 가장일진대 나는 아내보다 더, 최소한 아내가 내게 해주는 것만큼은 섬기는 사람이 되어야 합니다. 물론 섬기는 방법은 다르겠지만, 사려 깊은 행동을 통하여 나는 그 일을 해야만 하는 것입니다.

사랑의 감정이 사라짐

결혼한 지 5년이 된 어떤 젊은 부부가 상담을 하러 내게 와서 이런 말을 했습니다. "선생님, 우린 선생님께 솔직하게 말씀을 드리려고 합니다. 우리에겐 결혼 생활의 활기가 사라져 버렸습니다. 이제는 더 이상 아무 감정도 느낄 수 없습니다. 사랑이 없습니다. 무엇이 잘못된 것일까요?"

나는 좀 더 자세히 알고 싶어서 여자에게 남편과 결혼하게 된 첫 번째 동기가 무엇이었느냐고 물어보았습니다. 그 여자는 "남편이 매우 사려 깊었기 때문이었습니다"라고 대답했습니다.

"남편이 당신에게 무엇을 해주었는데요?"

"저이는 제게 꽃을 퍽 자주 보내 주었는데, 거기엔 '특별한 이유가 있어서는 아닙니다. 다만 당신을 사랑하기 때문입니다'라는 쪽지가 붙어 있곤 했습니다."

그래서 나는 다시 물어보았습니다. "남편이 지난 5년 동안 '특별한 이유가 있어서는 아닙니다. 다만 당신을 사랑하기 때문입니다'라는 쪽지와 함께 꽃을 보내 온 적이 몇 번이나 있었습니까?"

여자는 입술을 지그시 깨물고 머리를 흔들며 "한 번도 없었어요"라고 대답했습니다.

남편은 얼굴이 벌개졌습니다.

"좀 더 말씀해 주십시오. 그 밖에 다른 일은 없었나요?"

"네, 결혼하기 전에는 함께 밖에서 음식도 자주 사 먹곤 했어요."

"그랬어요? 그렇다면 지난 5년 동안 남편이 집에 전화를 걸어 '여보, 오늘 점심시간에는 아무 약속이 없는데, 당신이 나와서 함께 식사를 하면 어떨까?'라고 말한 것은 몇 번이나 됩니까?"

"언제 그런 일이 있었는지 생각도 나지 않습니다." 여자의 대답이었습니다.

남편의 얼굴은 더 벌개졌습니다.

나는 여자에게 계속 이야기해 보라고 했습니다.

"전에는 저인 쉬는 시간에 직장에서 집으로 전화를 걸어서 어떻게 지내는지도 묻곤 했었어요."

"남편께서 최근에는 언제 전화를 걸어서 '어떻게 지내는지 궁금해서 전화를 걸었소'라고 하셨습니까?"

"그런 일이 있었는지조차 잊어버릴 정도입니다."

이야기가 거기까지 진행되자 남편 되는 사람은 몸 둘 바를 몰라했습니다. 문제의 급소를 깨달았기 때문이었습니다.

의사소통

짐 – 남편과 아내에게 공통된 또 하나의 필요는 원활한 의사소통인데, 이것은 서로가 솔직하고 책임감 있게 생각이나 감정을 말로써 또는 다른 방법으로 표현하는 것입니다.

어떤 부부든지 서로 호흡이 맞지 않거나 말이 통하지 않고 있는 것처럼 느껴질 때가 있다는 사실을 알고 있습니다. 자기가 나타내기 원하는 것과 그것이 실제로 상대방에게 이해되는 것이 항상 일치될 수만은 없습니다. 나의 표현과 상대방의 이해가 서로 다를 때가 자주 생깁니다.

감정을 몸으로 느끼고 이해함

폴 튜니어는 우리가 서로 얼마나 깊이 있는 의사소통을 하고 있는가를 알 수 있도록 의사소통을 다섯 단계로 나누어 설명했습니다. 세 번째 단계인 사실과 아이디어와 의견을 나누는 정도의 의사소통은 대부분의 남성들이 아무 부담 없이 할 수 있는 의사소통입니다. 그러나 남성들은 그 다음으로 깊은 단계인 감정을 나누는 데까지는 이르지 않는 때가 많습니다.

신혼 초에 아내는 어떤 일에 대하여 자기가 느낀 것을 내게 이야기하곤 했었는데, 내 마음속의 반응과 가끔 입으로 나오는 반응은 "우리가 어떻게 느끼는가가 뭐 그리 중요한가!"라는 식이었습니다. 나는 가장 중요한 두 가지는 진리와 의무라고 배우면서 성장해 왔기 때문에 그 면에 있어서는 엄격했습니다. 진리와 의무를 위한 일이라면 하고 싶든 말든 해야 했습니다. 나는 율법적인 감정의 소유자였습니다.

그러나 어느 날 히브리서를 읽다가 4:15에 크게 도전을 받아 생각을 바꾸게 되었습니다. 거기에는 예수님이 이렇게 그려져 있었습니다. "우리에게 있는 대제사장은 우리 연약함을 체휼하지 아니하는 자가 아니요…." 예수님께서는 우리의 감정을 몸으로 느끼고 이해하는 분이십니다.

예수님의 감정이 진리 및 의무와 아름답게 조화를 이루는 것을 요한복음 8장에서 볼 수 있습니다. 예수님께서는 간음 중에 잡힌 여자가 진리 면에서 볼 때 죄인임을 알고 계셨습니다. 그 여자가 한 일은 하나님 앞에서 하나님의 법을 거스른 것이었습니다. 그러나 주님께서는 또한 그 여자의 연약함을 아시고 그를 불쌍히 여기셨습니다. "나도 너를 정죄하지 아니하노니, 가서 다시는 죄를 범치 말라"(11절).

모든 것을 다 나눌 수 있을 정도로 안전함

튜니어가 말한 의사소통의 다섯 단계 중에서 가장 깊은 의사소통은 상대방에게 어떤 주제에 대해서 자기의 생각과 감정을 다 나눌 수 있을 정도로 안전함을 느끼는 단계입니다. 만약 당신에게 이런 수준으로 의사소통을 할 수 있는 사람이 있다면 당신은 대단히 복이 많은 사람입니다. 대부분의 사람들은 이런 의사소통을 하지 못하고 있습니다.

하나님께서는 모든 부부가 이런 종류의 관계 가운데 살도록 의도하셨다고 나는 믿습니다. 그러나 우리는 그것을 방해하는 벽을 쌓고 있습니다. 부부간에도 말하기가 거북한 영역들이 있어서 서로 대화를 피하는 경향이 있습니다. 이야기하기를 서로 꺼리는 영역들은 결과적으로 부부간의 연합과 친밀감을 제한시켜 놓습니다.

어떻게 하면 보다 좋은 의사소통을 할 수 있겠습니까? 첫째로, 특별히 남편들에게 개인적으로 제안하고 싶은 것은, 기꺼이 자신의 약한 면을 드러내 놓으라는 것입니다.

몇 년 전 퇴근해서 집에 돌아왔을 때 나는 방으로 들어가, 책상에서 무언가 일을 하고 있는 아내에게 이야기 좀

하자며 직장에서 생기게 된 갈등을 약 20분 동안 털어놓았습니다. 무슨 일이 있었으며 내가 어떤 감정을 가지게 되었는지에 대해서 상세히 설명했습니다.

아내는 가만히 듣고 있다가 내가 이야기를 다 끝내자 나를 똑바로 바라보면서 충고 같은 것은 전혀 하지 않고 다만 "당신이 왜 그렇게 느꼈는지 이해가 돼요"라고 말했습니다.

그 반응으로 나는 그 후 몇 주 동안이나 격려 가운데 살 수 있었습니다. 아내는 내 말을 들어 주었고 나의 감정을 받아 주었습니다. 그러나 그렇게 되려면 나의 연약한 감정들을 그대로 드러내려는 면에 주저함이 없어야 합니다.

보다 원활한 의사소통을 위한 두 번째 제안은 자기가 하는 말에 대하여 더욱 책임을 지도록 노력하라는 것인데, 갈등 가운데서는 더욱 그렇습니다. 무책임한 말을 마구 하지도 말고, 대화를 독점하지도 말아야 합니다.

세 번째로는 경청하는 자가 되라는 것입니다. 관심을 가지고 주의 깊게 들으십시오. 들을 때 말하는 사람에게서 시선을 떼지 말며 듣고 있는 내용을 더 분명히 이해하기 위하여 질문을 하십시오. "그건 무슨 뜻이지요?" 또는 "좀 더 자세히 얘기해 봐요"라고 하면 됩니다.

어느 한쪽에서 20분, 30분, 혹은 40분간 계속해서 이야기할 필요가 있을 때도 있습니다. 그럴 때는 참을성 있게 들으십시오. 어떤 상담자는 상담하러 온 어떤 여자가 말하는 것을 듣고 있다가 자기 시계를 잠깐 들여다보았을 뿐인데 여자가 말하다 말고 갑자기 코트를 입더라는 이야기를 한 적이 있습니다. 상담자가 "다 끝내셨습니까?"라고 묻자 그 여자는 "아니요, 하지만 선생님께서 듣기를 다 끝내신 것 같아서요"라고 했다는 것입니다.

말을 들을 때는 자기를 제어하고 부인해야 합니다. 말하는 사람을 방해하지 마십시오. 특히 상대방이 당신을 비판할 때 변명하려고 하지 마십시오. 자신을 제어하고 부인하기가 듣는 일에 있어서 가장 어려운 일입니다.

몇 년 전 어떤 부부가 내게 찾아와서 상담을 요청한 적이 있었는데, 나는 그들의 이야기를 10분 정도 듣고 나서 그들의 문제를 어떻게 해결할 수 있는가에 대하여 20분 정도나 설명을 해주었습니다. 내 딴에는 훌륭한 해결책을 제시해 준 것으로 생각되었습니다.

그러나 내가 이야기를 다 끝내자, 그 부인이 "선생님, 오해를 하셨습니다. 우리 문제는 그게 아닙니다"라고 하는 것이었습니다. 나는 말하고 싶은 마음을 참지 못해 20분씩이나 헛수고를 했던 것입니다.

마지막으로 제안하고 싶은 것은 의사소통의 향상을 위하여 함께 기도하라는 것입니다. 오늘날 결혼한 지 5년,

10년, 혹은 15년이 지나면서도 함께 기도한 적이 없었다는 그리스도인 부부들이 흔히 있습니다. 우리 부부에게 처음부터 의사소통에서 도움이 되었던 것은 함께 기도할 수 있었다는 점입니다. 우리는 의견 충돌이 있을 때마다 함께 그 문제를 가지고 열심히 기도했습니다. 비록 처음에는 의견이 합치되기까지 이삼일씩이나 걸리곤 했지만 이제는 불과 몇 분이면 되는 때도 있습니다.

성생활

제리 - 남편과 아내가 공통적으로 가지고 있는 여섯 번째 필요는 성생활입니다. 이 필요는 하나님께서 주신 것입니다. 그런데 사람이란 때때로 그 사실을 잊기도 합니다. 이런저런 이유들로 인하여 우리의 생각 가운데는 성생활의 즐거움을 방해하는 여러 가지 장벽들이 생깁니다.

오늘날 우리가 살고 있는 이 시대에는 이 주제에 관한 좋은 책들과 자료들이 많이 있습니다. 그러나 어떤 때는 그런 것들 이상의 것이 필요합니다. 특정한 문제에 대해서는 그냥 버려두어 사태를 점점 악화시키기보다는 상담자를 찾아가서 도움을 구해야 할 필요가 있을 수도 있습니다.

하나님의 관점에서 볼 때 결혼 생활에 있어서 성생활은 존귀한 것입니다. 성생활 자체가 추하거나 잘못된 것은 전혀 아닙니다. 하나님께서 그것을 만드신 데는 세 가지의 이유가 있습니다. 그것은 곧 종족 보존의 수단이요,

즐거움을 누리게 해주는 것이며, 사랑 가운데서의 연합을 위한 것입니다.

부부간의 육체관계에 대하여 바울은 고린도전서 7:5에서 "서로 분방(分房)하지 말라"고 명하고, 단 한 가지 예외로는 "다만 기도할 틈을 얻기 위하여 합의상 얼마 동안은 할 수 있다"고 했습니다. 그러나 이어서 "다시 합하라. 이는 너희의 절제 못함을 인하여 사단으로 너희를 시험하지 못하게 하려 함이라"고 했습니다.

성서적 원리

만족스러운 성생활을 방해하는 문제점 가운데 한 가지는 상대방의 필요에 민감하지 못하게 만드는 이기심입니다. 자신이 그것을 원할 때뿐만 아니라 그렇지 않은 많은 경우에도 이기심이 없이 상대방에게 자신을 기꺼이 줄 줄 알아야 합니다. 그러한 이기심 없는 마음은 예수님에게서 찾아볼 수 있습니다. 예수님께서는 이기심이 없이 항상 우리를 섬겨 주시며 또한 이 땅에서 사실 때 삶을 통하여 그 본을 보여 주셨습니다.

사도 바울도 "아무 일에든지 다툼이나 허영으로 하지 말고" 즉 이기심으로 하지 말라고 했으며, "각각 자기 일을 돌아볼 뿐더러 또한 각각 다른 사람들의 일을 돌아보라"고 했습니다(빌립보서 2:3-4 참조). 이 말씀은 부부간의 육체관계에도 적용이 되는 것입니다. 그러므로 이 영역에서 기쁜 마음으로 서로서로를 섬기십시오.

또 하나의 공통적인 문제는 두려움인데, 여성에게 특히 심합니다. 오랜 세월 동안 성에 관하여 들어 온 그릇된 정보들이 쌓여 두려움이 생겼을 수도 있습니다. 부부는 이러한 것들에 대하여 충분히 대화를 나눔으로써 이 영역에 대한 이해를 넓혀 두려움을 제거해야 합니다.

베드로전서 3:6은 이 면에 대하여 나에게는 거의 신비감마저 주는 흥미 있는 구절입니다. 사라가 그 남편과 어떤 관계 가운데 있었는가와 그 남편을 어떻게 존경하고 의사소통을 했는가를 이야기하면서 베드로는 "너희가 선을 행하고 아무 두려운 일에도 놀라지 아니함으로 그의 딸이 되었느니라"고 기록했습니다.

즐거운 성생활의 장벽이 될 수도 있는 또 하나의 문제점은 원망인데, 이것은 배우자의 어떤 점이 자신에게 괴로움이 되는 데 기인한 것입니다. 최근에 들어와 나와 친해진 어떤 주부는 자기 남편 때문에 생긴 분노에 대하여 이렇게 말했습니다. "남편은 나를 안을 때도 꼭 자기의 즐거움만을 위해서 안습니다. 늘 육체관계를 의식하고 있는 것 같아요. 나는 꼭 물건이 된 기분이에요. 그인 너무나 심하게 요구해 오기 때문에 그이가 나 자신과 내가 가진 필요에 대해서는 정말 무관심한 것처럼 느껴집니다."

남편과 아내가 다 같이 이 면에 대하여 노력을 해야 합니다. 아내로서는 자신이 가치 있고 중요한 존재요, 육체관계 때문이 아니라 있는 그대로의 아내로서 사랑받고 있다는 것을 느끼는 것이 대단히 중요하기 때문입니다. 그 여자의 경우에는 이러한 느낌이 없었으며, 즐거움 대신에 분노만 생겼습니다.

또한 순결의 영역에서 과거 그리스도를 믿기 전에 범했던 죄들이 문제가 될 수 있습니다. 이런 것들로 말미암아 부부간의 즐거움에 방해를 받을 수가 있는 것이 사실입니다. 그러나 그리스도를 믿었을 때 그 모든 것이 정결케 되었음을 믿어야 하며, 계속 마음 가운데 그런 것들이 문제가 될 때는 하나님께 이렇게 기도하십시오. "주님, 그 문제는 주님께서 짊어지셨다고 말씀하셨습니다. 이제 그 약속을 믿고 제 마음의 짐을 다 주님께 맡깁니다."

잘못된 우선순위는 친밀한 성생활을 위한 분위기 조성에 나쁜 영향을 미칠 수 있습니다. 남편과 나는 목표 의식이 강한 사람들이라 각자의 목표를 향하여 서로 다른 방향으로 나아가기 쉽습니다. 그렇기 때문에 우리는 각자 하고 있는 일의 속도를 늦추고 함께 시간을 내어 가벼운 운동을 한다든가, 아니면 단순히 뜰에 나가 거닐며 함께 이야기를 하고 차를 함께 마시는 시간을 가질 필요가 있다는 것을 늘 의식해야 합니다. 그렇게라도 하지 않으면 우리는 우리의 시간과 정력을 다른 일들에 지나치게 소모하여 우리의 성생활은 풍성하지 못하게 되어 버립니다.

성생활에 대하여 어떤 문제가 있든지 그것을 배우자와 함께 이야기하십시오. 이런 대화를 통하여 자신의 삶의 깊은 것들을 배우자와 함께 나누도록 하십시오. 당신이 느끼고 경험하고 있는 것과 당신이 필요로 하고 있는 것들에 대하여 의사소통을 하십시오. 그렇지 않으면 배우자는 당신이 자기를 온전히 신뢰하지 않고 있다고 생각할 것입니다.

리더십

 짐 – 결혼 생활에서 채워야 할 일곱 번째 필요는 리더십입니다. 하나님께서는 부부 사이에서 이 역할을 특별히 남편에게 맡기셨습니다. 남편은 아내의 머리로서의 책임을 부여받았으며 아내는 남편의 리더십을 필요로 합니다.

 리더십이란 무엇입니까? 이것은 독재가 아닙니다. 그렇다고 해서 남편과 아내가 똑같은 결정권을 행사하는 것도 아닙니다. 남편이 수백 수천 달러짜리 물건을 구입하면서도 아내에게 말 한 마디 않는다는 부인들의 이야기를 많이 들어 보았습니다. 그것은 비극이 아닐 수 없습니다.

 한평생 이런 식으로 큰 결정들을 내려 온 남자를 한 사람 알고 있는데, 그 모든 결정들이 후에는 좋지 못한 결과를 낳았습니다. 그의 아내는 놀라울 만큼 철저한 사람이었기 때문에 그가 그런 것들을 아내와 의논만 했더라도 많은 지혜를 얻을 수 있었을 것입니다. 이 일에 실패를 하는 남편은 자신이 다른 데서는 얻기 어려운 가장 가치 있는 조언을 얻을 수 있는 기회를 경시하고 있는 것입니다.

리더십을 가지고 있다고 해서 항상 옳다거나 모든 일을 가장 좋게 행하는 것만은 아닙니다. 몇 년 전에 어떤 부부가 나를 찾아왔는데, 그 남편이 하는 말이 "거두절미하고 핵심만 말씀드리겠습니다. 저는 위협을 느끼고 있습니다. 우리가 실행하고 있는 일이 열 가지라면 그중 아홉 가지는 아내에게서 나온 것입니다. 가정에서는 제가 가장이 되어야 하는데 아내가 항상 모든 의견을 내놓습니다" 하는 것이었습니다.

그의 아내는 전혀 적대감을 가지고 있지도 않았고, 대단히 총명한 것 같았습니다. 일을 정말로 똑똑하게 하는 사람 같았습니다. 아내는 남편의 리더십에 복종하고 싶어 했지만 또 한편으로 자기가 가지고 있는 좋은 아이디어들을 묵히거나 썩히는 것도 아깝고 어리석다고 생각했습니다.

나는 그 즉시 속으로 주님께 기도했고 주님께서는 한 가지 생각을 떠오르게 해주셨습니다. "잠깐 이 문제에 대하여 이야기를 해봅시다. 먼저 지도자는 모든 것에 대하여 가장 좋은 생각을 가지고 있어야 합니까? 다시 말하면 지도자가 항상 모든 좋은 아이디어를 다 가지고 있어야 할까요? 아닙니다. 지도자란 좋은 아이디어를 듣고 그것이 좋은 아이디어라는 것을 알며, 그 사용 여부를 결정하는 사람입니다. 그처럼 창의적인 생각을 해낼 수 있는 아내를 주신 하나님께 감사하십시오. 당신의 아내를 자원으로 활용하십시오. 하나님께서 아내에게 온갖 좋은 생각들을 주셨습니다. 그러나 하나님께서는 당신을 지도자로 세우시고, 당신의 아내가 가장 좋은 아이디어가 아닌 것을 제시했을 때는 그것을 분별해 내어 '아냐, 그걸 사용하지 않겠어'라고 말하게 하셨습니다."

그러고 나서 그 아내에게는 이렇게 말해 주었습니다. "당신의 태도는 좋습니다. 다만 하나님께서 당신의 남편을 가장으로 세우셨다는 사실만은 명심하기 바랍니다. 세월이 흐르고 당신의 생각이 많이 채택되어 실행이 된다고 하더라도 당신이 실제로 가장이라는 생각은 절대로 하지 마십시오. 하나님께서는 그런 태도를 싫어하십니다. 당신은 돕는 배필로서의 역할을 수행해야 합니다. 당신 부부는 평등하지만 그 역할들은 서로 다릅니다."

머리는 하나

한 가정에 가장이 둘이 있을 수는 없습니다. 일은 분담해서 할 수 있고 어떤 영역들에서는 어느 정도 자율적으로 하게 되겠지만 그 책임은 어느 한 사람이 져야 할 것입니다. 하나님께서는 가정에 대한 책임을 남편에게 맡기셨습니다. 물론 남편이 모든 일에 항상 옳다거나 가장 좋은 의견을 가진 것은 아닙니다.

남편은 모든 결정에 대한 책임과 가정에서 생기는 모든 문제들을 해결할 책임을 지고 있습니다. 그렇다고 해서 남편이 혼자서 모든 결정을 내리고 모든 문제를 스스로 해결해야 한다는 것은 아닙니다. 다만 이러한 결정들이 이루어지고 문제들이 해결되도록 감독할 책임이 있다는 뜻입니다. 그러나 어떤 아내들은 이렇게 말하기도 합니다. "나는 남편이 우리 가정에서 리더십을 발휘했으면 좋겠습니다. 내가 모든 결정을 내리지 않으면 안 됩니다. 남편은 결정을 내리려 하지 않습니다."

남편의 리더십은 모든 면에서 자기 아내의 행복과 복지에 대한 책임을 기꺼이 지는 것을 뜻하기도 합니다. 만약 아내의 영적인 상태가 나빠지면 물론 일차적으로는 아내 자신에게 책임이 있겠지만 남편에게도 동일한 책임이 있습니다. 지도자란 '회계할 자'(히브리서 13:17)이기 때문입니다. 언젠가 내가 하나님 앞으로 가게 되면 하나님께서는 "짐, 너는 네 아내의 영적 행복을 위하여 무엇을 하였으며 너의 아내가 영적으로 성장하도록 돕기 위하여 무슨 일을 하였느냐?"라고 물으실 것입니다.

아마 이런 말을 들어 보셨을 것입니다. "여자는 남자의 갈빗대로 만들어졌다. 남자를 지배하도록 그의 머리로 만들어지지도 않았고, 남자에게 짓밟히도록 그 발로 만들어지지도 않았고, 남자의 팔 아래서 보호를 받고 그 심장 가까이에서 사랑을 받도록 그의 가슴에서 만들어졌다."

본을 보임

가정에서의 리더십은 하나님께 대한 헌신과 인격에서 본을 보이는 것도 의미합니다. 남편은 자기 가정에서 대제사장이 되기 위하여 성경 말씀과 기도에 충분한 시간을 들여야 합니다. 아내가 항상 가정의 유지에 힘쓰며 나아갈 방향을 제시해야 하고 잘못된 일에 일일이 호각을 불어야 한다는 것은 비극이 아닐 수 없습니다.

남편의 리더십에 대한 복종은 아내가 마땅히 해야 하는 것이지 남편이 요구할 것은 못됩니다. 그는 때마다 자기 아내에게 "아내여, 내게 복종하라!"고 말할 수는 없습니다. 마찬가지로 하나님께서도 내게 "짐 화이트, 내게 복종하라!"고 늘 외치시지는 않습니다. 하나님께서는 그 대신 기록되어 있는 성경 말씀과 성령을 우리에게 주셔서 그분께 반응을 나타낼 수 있게 해주셨습니다.

바울은 남편과 아내의 관계를 그리스도와 교회의 관계와 비교하여 가르쳤습니다. 예수님께서 교회의 머리가 되신 것은 그렇게 되겠다고 요구하셔서가 아니라 그분의 인격과 하나님께 대한 섬김과 헌신 때문이었으며, 하나님께서 기름 부어 주셨기 때문이었습니다. 그러므로 그리스도께서 어떤 분이신지 알기 때문에 우리는 그분을 사랑하고 그분께 순종하며 그분께 맞추고 싶어 하는 것입니다.

책임을 지라

남편은 아내의 머리로서 아내의 행복과 복지를 책임지고 그 일을 위하여 기도하며 자신을 헌신해야 합니다. "하나님, 저는 이 책임을 지기 원합니다. 하나님께서 저에게 능력을 주시고 도움을 주십시오."

아내와 함께 기도하며 아내의 영적인 필요를 채워 주십시오. 나는 아내와 함께 가끔 45초 기도를 합니다. 즉 가끔씩 아내에게 전화를 걸어서 함께 짧게 기도를 한다는 말입니다. 아내가 그런 기도 시간을 주관할 수도 있지만 남편이 더 자주 해야 합니다.

또한 당신의 계획과 원하는 것들을 아내에게 기꺼이 나누십시오. 시간을 내어 아내와 함께 창의적인 계획을 세우십시오. 가족들을 위한 목표와 사역을 위한 목표에 대하여 토의하십시오.

당신의 아내에게 여러 영역에서 어떻게 살고 있는가를 먼저 물어보고 아내의 대답을 주의 깊게 들어 주십시오.

가정에서 생긴 문제 해결에 당신의 아내를 참여시키십

시오. 만약 아내가 어떤 제안을 하거나 비판을 하면 겸손하게 들으십시오.

당신이 실수한 것은 즉시, 그리고 솔직하게 고백하십시오. 몇 년 전 어느 목사님이 다른 목사님과 논쟁을 했는데, 문제는 목회자들이 과연 자신들의 실수를 인정하는데도 사람들의 존경을 받을 수 있을까 하는 데 대한 것이었습니다. 한 목사님은 그럴 수 있다고 했고, 다른 목사님은 그럴 수 없으며 따라서 성도들과는 일정한 거리를 유지해야 한다고 주장했습니다.

그러던 어느 날 그럴 수 없다던 목사님이 그럴 수 있다던 목사님에게 이렇게 말했다고 합니다. "여보게, 자네 말이 맞았네. 며칠 전 밤에 아들 녀석과 함께 이야기를 하다가 그걸 깨달았네. 그 아이가 학교에서 잘못한 일이 있기에 내가 심하게 꾸중을 했는데, 녀석은 내가 지나치게 한다 싶으니까 화가 나서 얼굴이 빨개져서는 '아버지, 아버진 한 번도 잘못한 일이 없으셨어요?' 하며 항의를 했다네. 아들 녀석은 내가 잘못한 일들이 많다는 것을 알고 있었지만 평소에 나를 존경하고 있었다네. 하지만 나는 그걸 절대로 인정하지 않던 사람이었지."

우리는 가장으로서 가정에서 우리의 실수들을 인정하게 되면 가족들의 신뢰를 잃어버리게 될 것이라고 생각할지도 모릅니다. 그러나 오히려 그 반대로, 자신의 실수를 인정하지 않을 때 신뢰를 잃게 됩니다.

마지막 제안은 남편이 아내의 필요들을 매일 기도로 하나님께 아뢰고 하나님께서 주시는 아이디어들을 받으라는 것입니다. 몇 년 전 우리 집에는 믿음 안에서 형제 된 그리스도인 청년들이 몇 명 함께 생활했는데, 아내는 그들로 인하여 무척 어려움이 많았습니다. 아직 영적으로 훈련이 제대로 안 된 형제들이라 여러 면에서 부족한 점이 많았던 것입니다. 아내는 그것 때문에 크게 실망을 하고 있었습니다. 하루 쉬게 된 날을 이용하여 나는 조용한 곳에 가서 오후 내내 이리저리 거닐며 우리 부부가 어떻게 해야 좋을지를 가르쳐 달라고 하나님께 기도했습니다.

기도를 마치고 집으로 돌아와서는 아내에게 "그 문제에 대해 기도하고 깊이 생각해 보았는데, 주님께서 이러저러한 방법을 생각나게 해주셨소. 당신 그렇게 해보면 어떻겠소?" 하고 말해 주었습니다. 몇 주가 지나자 하나님께서 주신 해결책으로 아내가 느끼고 있던 어려움들이 다 풀렸습니다.

제리 – 남편은 아내가 자신의 은사와 재능들을 계발할 기회를 십분 활용할 수 있도록 도와주어야 합니다. 여자의 삶은 생의 수기가 있어서 어떤 은사는 어떤 시기에는 계발할 수가 없습니다. 예를 들어 어린아이들이 딸려 있을 때 그 아이들을 제쳐 놓고 다른 어떤 영역에 자신을 투자하는 것은 하나님께 영광이 되지 못합니다. 그러나 남편은 가정생활에 지장을 주지 않는 활동들에는 참여할 수 있도록 그 아내를 격려해 주고 도와줄 수 있습니다.

바울은 에베소서 5:29에서 "누구든지 언제든지 제 육체를 미워하지 않고 오직 양육하여 보호한다"고 말했는데, 남편과 아내는 결혼을 함으로써 한 육체가 되었습니다. 그러므로 남편이 그 아내를 진정으로 자기 몸처럼 사랑한다면 아내의 가장 큰 관심이 무엇이며, 아내가 가진 은사를 계발할 수 있는 기회는 언제인가를 주의 깊게 살필 것입니다.

적응

　제리 – 마지막 필요는 아내가 남편에게 적응하는 것입니다.

　적응한다는 것은 아내가 남편의 계획들에 자신을 맞출 수 있을 정도로 융통성을 가지며, 남편과 조화를 이루며, 그의 부족한 점들을 보충할 수 있게 되는 것을 의미합니다.

　남편이 내게 기꺼이 적응해 줄 때도 물론 많습니다. 내가 어떤 긴박한 상황하에 있다면 남편은 자신이 하던 일을 멈추고 와서 내 일을 도와줄 것입니다. 그러므로 적응이란 어느 면에서는 남편과 아내가 서로 주고받는 2차선 도로와 같다고 할 수 있습니다. 그러나 하나님께서 우리 아내들에게 주신 주요한 역할은 남편에게 적응하는 것입니다. 남편과 아내는 평등합니다. 그러나 그 평등이란 동일한 것을 가리키지는 않습니다. 하나님께서는 남편과는 다른 역할을 감당하도록 우리 아내들을 부르심으로써 우리의 결혼 생활을 원활하게 유지할 수 있게 해주셨습니다.

우리가 결혼할 때 내 마음 가운데는 순종만 하는 소녀 같은 아내가 되는 것은 거부해야 된다는 생각이 있었습니다. 이 생각은 너무나 강해서 하나님께서는 그것에 내 주의를 이끄시고 그 영역에서 균형을 맞추게 해주실 필요가 있으셨습니다. 남편은 더러워진 셔츠를 빨래 통에 넣지 않고 다시 옷장에 걸어 두는 습관이 있었습니다. 어느 날 그는 모임에 나가야 할 일이 있어서 옷장을 열어 보고는 깨끗한 셔츠가 하나도 없다고 했습니다. 나는 그 말이 나오기가 무섭게 "그건 제 잘못이 아니에요. 당신이 빨래 통에 넣으셨다면 제가 다 깨끗이 세탁해 놨을 거예요" 하면서 변명을 늘어놓기 시작했습니다. 그렇게 변명을 하다 보니 기분까지도 나빠졌습니다.

  남편은 내 반응에 좀 놀랐던 것 같았습니다. 그러나 그는 나의 그런 행동을 언짢아하지 않고 오히려 내가 그때까지 한 수고에 고마움을 표하면서 예쁜 시계를 선물로 사 주었습니다. 나는 너무나 부끄럽고 또 감동이 되어 눈물이 핑 돌았습니다. 우리에게 있었던 것과 같은 충돌에는 달리 반응을 나타낼 수도 있었겠지만 남편은 바로 그 특별한 경우에 예상외의 반응을 나타내 보였습니다. 나는 그때 일을 잊지 못합니다. 그 선물을 받고 나서 나는 이렇게 기도했습니다. "주님, 제가 그처럼 변명하는 여인이 되지 않도록 도와주십시오."

하나님으로부터 위탁받음

우리 아내들이 적응하지 않으면 남편은 그것으로 인하여 큰 압력을 받게 됩니다. 지난날 남편이 출장을 떠나 내가 집안일을 책임져야 할 때가 퍽 자주 있었는데, 그 기간 중에 아이들이 말썽을 부리고 내 말을 듣지 않으면 내게는 그게 큰 짐이 되지 않을 수 없었습니다. 그럴 때면 나는 '남편이 필요로 할 때 아내가 따라 주지 않는다면 남편이 어떻게 느낄까를 이젠 이해하겠어'라고 생각하곤 했습니다.

이와 같이 적응하는 성품이 당신의 삶 가운데 배어들도록 하기 위해서는 당신 자신의 몸과 마음을 남편에게 드려야 합니다. 나는 가끔씩 이렇게 기도하곤 합니다. "주님, 주님께서 이 남자를 저에게 맡기셨습니다. 저는 남편을 돌보는 일을 진정으로 특권이자 주님께로부터 위탁받은 것으로 믿습니다. 저는 최선을 다해 남편을 돌보며 그이 필요들을 채워 주기를 원합니다. 저는 특별한 위치에 있기 때문에 제가 그를 위해서 해줄 수 있는 일을 다른 사람은 아무도 할 수 없습니다. 또 주님께서 저를 통하여 그에게 채워 주기를 원하시는 그의 모든 필요들을 저는 충실히 채워 주기를 원합니다."

또 한 가지 방법은 결정이나 중요한 문제들에 있어서 남편과 함께하는 것입니다. 당신에게 제안들이 있으면 사랑 가운데서 겸손하게 제시하십시오. 아내들은 자칫하면 바가지를 긁거나 남편을 몰아붙이기 쉽습니다.

또한 일을 함께 할 때는 솔직한 것과 마음을 열어 놓는 것이 필요하다는 사실도 명심하십시오. 신혼 초 한때 매우 궁색하게 살 적에 헤어드라이어가 필요한 적이 있었습니다. 어느 날 누가 돈을 좀 부쳐 주었기에 보니 헤어드라이어를 사기에 충분한 돈이 들어 있었습니다. 남편에게 먼저 물어봐야 된다는 생각이 들었습니다. 그러나 마음 한구석에서는 '만약 남편에게 물어본다면 그 돈을 다른 데 쓸 일이 있다고 헤어드라이어는 못 사게 할 거야' 하는 생각도 들었습니다.

그래서 나는 남편에게 물어보지 않고 곧바로 건너편 상점에 가서 헤어드라이어를 사 가지고 와서 머리를 손질했습니다. 일단 사용을 했기 때문에 다시는 바꾸거나 물릴 수는 없게 되었습니다.

몇 시간 후 누가 문을 두드렸습니다. 내 친구 한 사람이 그전에 내가 해주었던 어떤 일에 감사해서 선물을 가지고 왔습니다.

친구가 돌아간 뒤에 펴보니 거기에는 헤어드라이어가 하나 들어 있었습니다.

얼마나 후회가 되었는지 모릅니다. 내가 하나님께 순종하기만 했더라면 그 돈으로 다른 요긴한 것들을 살 수 있었을 텐데. 이제 그 돈은 다 써버렸고 헤어드라이어만 두 개 생겼습니다.

적응이란 남편이 형통한 삶을 살게 되도록 아내가 도울 수 있는 모든 일을 다 하는 것을 뜻합니다. 그렇게 하면 하나님께서는 그 보상으로 우리 삶에도 만족을 주실 것입니다.

때때로 우리는 이 사실을 잊어버리고 있지 않습니까? 우리는 남편의 필요를 채워 주고 그 뒷바라지를 하다 보면 우리 자신의 필요들은 채우지 못하고 스스로 손해만 보는 게 아닌가 하는 생각이 들기도 합니다. 그러나 그 생각은 옳지 않습니다. 하나님께서 우리에게 하라고 하시는 일을 한다면 하나님께서는 앞으로 여러 가지 방법으로 우리에게 보상해 주실 것입니다. 하나님께서는 아무에게도 손해 보게 만들지는 않으시는 분입니다.

아내를 불러 남편에게 복종하도록 하셨다는 사실은 에베소서 5:21-24에 분명하게 나타나 있습니다. 하나님께서는 아내들에게 그 남편들에게 복종하라고 명령하셨으며, 이 말씀에 순종할 때 하나님께서는 기뻐하십니다. 그러므로 남편에게 적응할 때 다른 무엇보다도 이렇게 함으로써 주님께 순종하고 있다는 사실을 생각하십시오.

✱ 네비게이토 소책자 시리즈 ✱

1. 성경암송을 통하여 주님께로 돌아오다 ·················· 도슨 트로트맨
2. 시대의 요청 ·· 도슨 트로트맨
3. 재생산을 위한 출생 ·· 도슨 트로트맨
4. 수레바퀴 예화 ··· 네비게이토
5. 일대일 사역 ·· 잭 그리핀

6. 제자의 특징 ··· 론 쎄니
7. 하나님의 뜻을 아는 법 ·· 러쓰 존스톤
8. 기도의 하루를 보내는 방법 ··· 론 쎄니
9. 기도 응답을 받는 방법 ··· 제리 브릿지즈
10. 경건한 여인 ·· 라일라 스팍스

11. 전도를 즐기는 삶 (영문판 : A Life That Enjoys Evangelism) ······ 하진승
12. 섬김을 위한 부르심 ·· 레이 호
13. 정 직 ··· 헬렌 애쉬커
14. 그리스도를 닮아감 ·· 짐 화이트
15. 최후의 승리를 얻기까지 ··· 월터 헨릭슨

16. 전도의 열정 ··· 로버트 콜만
17. 영적인 의지력 ·· 제리 브릿지즈
18. 사고방식의 변화 ·· 조지 산쳬스
19. 대인 관계의 성서적 지침 ·· 조지 산쳬스
20. 말씀의 손 예화 ·· 네비게이토

21. 열 심 (영문판 : ZEAL) ··· 하진승
22. 원만한 결혼 생활 ·· 잭 & 캐롤 메이홀
23. 조지 밀러 ··· A. 심즈
24. 말씀 중심의 삶 ··· 하진승
25. 주제별 성경 암송 제1권 ··· 네비게이토

26. 주제별 성경 암송 제2권 ··· 네비게이토
27. 주제별 성경 암송 제3권 ··· 네비게이토
28. 서로 돌아보아 ··· 하진승
29. 양 육 ··· 네비게이토
30. 경건이란 무엇인가 ·· 제리 브릿지즈

31. 권위와 복종 ··· 론 쎄니
32. 고난 중 도우시는 하나님 ·· 샌디 에드먼슨
33. 기도의 특권을 누리자 ··· 하진승
34. 은혜로운 말 ··· 캐롤 메이홀
35. 하나님을 의뢰함 ··· 제리 브릿지즈

36. 친밀한 부부 관계의 원리 ··· 짐 & 제리 화이트
37. 배우는 자로 살자 (영문판 : Live as a Learner) ··················· 하진승
38. 합력하여 선을 이루시는 하나님 ···································· 리쳐드 크렌즈
39. 고난 중의 소망 ·· 덕 스팍스
40. 청년의 시기를 어떻게 보낼 것인가 (영문판 : How to Live Out Our Youth) ··· 하진승

* 네비게이토 소책자 시리즈 *

41. 약속을 주장하는 삶 ………………………………… 덕 스팍스
42. 경건의 시간을 갖는 법 ………………………… 워렌 & 룻 마이어즈
43. 개인의 중요성 ………………………………………… 론 쎄니
44. 헌신 ………………………………………………… 로버트 보드만
45. 내가 배운 교훈들 …………………………………… 오스왈드 샌더스

46. 하나님의 말씀은 …………………………………………… 하진승
47. 현숙한 여인 ………………………………………… 신시아 힐드
48. 어떻게 친구를 사귈 것인가 ………………… 제리 & 메리 화이트
49. 외로움을 느낄 때 ………………………………… 엘리자베스 엘리엇
50. 하나님께서는 당신의 직업을 귀히 여기신다 ……… 셔먼 & 헨드릭스

51. 자녀의 자부심을 키워 주는 법 ………… 게리 스몰리 & 존 트렌트
52. 직장 생활에서 낙심될 때 …………………………… 덕 셔먼
53. 스트레스를 다루는 법 ………………………………… 단 워릭
54. 서로 의견이 엇갈릴 때 …………………………… 잭 & 캐롤 메이홀
55. 그리스도인의 삶의 올바른 동기 …………………………… 하진승

56. 나를 기뻐하시며 사랑하시는 하나님 …………………… 룻 마이어즈
57. 제자삼는 삶의 동기력 ………………………………… 짐 화이트
58. 기도 - 보이지 않는 적과의 싸움 …………………… 제리 브렛지즈
59. 효과적인 간증 ………………………………………… 데이브 도슨
60. 감격하며 살아야 할 그리스도인 …………………………… 하진승

61. 믿음의 경주 …………………………………………… 잭슨 양
62. 사도 바울의 영적 지도력 …………………………… 오스왈드 샌더스
63. CARE (서로 보살피는 부부) ………………………………… 하진승
64. 참 특이한 기도 (PPP : Pretty Peculiar Prayers) …………… 하진승
65. 모세의 순종 …………………………………………… 윙킴톡

66. 상급으로 주신 자녀 …………………………………… 하진승
67. 하나님께서 쓰시는 사람 …………………………… 월터 헨릭슨
68. 기도의 본 ………………………………………… 워렌 & 룻 마이어즈
69. 다윗의 한 가지 소원 ………………………………… 조이스 터너
70. 생명을 구하는 삶 ………………………………… 피터슨 & 드렌켈드

71. 순종의 축복 …………………………………………… 마르다 대처
72. 참 좋으신 하나님 아버지 …………………………… 리로이 아임스
73. 하늘에 보물을 쌓는 삶 ……………………………… 잭 메이홀
74. 거룩 : 하나님께 성별된 삶 …………………………… 헬렌 애쉬커
75. 가정의 중요성 (영문판 : Importance of Home & Family) …… 하진승

76. 날마다 제 십자가를 지고 (영문판 : Taking Up the Cross Daily) …… 하진승
77. 제자의 올바른 태도 …………………………………… 론 쎄니
78. 주님의 부르심을 따라가는 삶 ………………………… 하진승
79. 견고하게 평생 지속해야 할 일 ……………………… 하진승

친밀한 부부 관계의 원리

―――――――――――――――

1990년 11월 15일 초판 1쇄 발행
2012년 2월 20일 개정 1쇄 발행
2025년 9월 30일 개정 5쇄 발행

펴낸곳: 네비게이토 출판사 ⓒ
주소: 03784 서울시 서대문구 연희로 16 (창천동)
전화: 02) 334-3305(대표), 334-3037(주문), FAX: 334-3119
홈페이지: https://navpress.co.kr
출판등록: 1973년 3월 12일 제10-111호
ISBN 978-89-375-0437-2 02230

본 출판사의 서면 허락 없이는 본서의 전부 또는
일부의 무단 복제, 또는 원문에 대한 무단 번역을 금합니다.